Hartvig Poet

Den grå bog

Redaktion: Emilie Rohde Jacobsen
Forlag: BoD – Books on Demand, Hellerup, Danmark
Tryk: BoD – Books on Demand, Norderstedt, Tyskland
ISBN: 978-87-4304-964-7

Forord

Vælter ind i et virvar af samtaler
Som en selvfed dansende flodhest
Med en alt for lallet indgangsvinkel

Afvæbner via humoristisk sans
Som tydeligvis ikke er gengældt
Hvilket egentlig er helt uforståeligt

Griber den akavede stilhed i nuet
Krøller den nænsomt sammen til en klump
Og kaster den mod fuldmånens skær

Så står man der blandt de måbende
Og tænker man skulle være gået igen
For hvad var det egentlig lige der skete

Måske var det godt
Måske var det skidt
Måske finder jeg aldrig ud af det.

Lige

Hvem ser mig, lige?
Lige, som jer andre
Aldrig lige, her.

Kære mig

Jeg kan mærke
Det er tid til at vi går
Ud og opdager os selv
Måske er der en version
Vi faktisk kan blive enige om
Passer helt perfekt
Måske er vi den allerede
Men jeg synes det er tid
Tid til at vi tror
Mere på os selv
Mindre på andet
Som egentlig er uvist
Men som sagtens fylder
Fylder så meget at vi forsvinder
Svinder ind
Til en version vi i hvert fald ikke er
Lad os gå
Bare gå
Og se hvad vi finder
Alle veje
Fører alligevel til enden

Så skal vi ikke bare
Prøve at nyde den
Alle de genveje
Forvirrer os
De ender blindt
Alle veje
Fører os alligevel tilbage
Til vores vej
Den vej vi burde tage
Lad os kigge op
Synge med fuglene
Skabe os åndssvagt
Og bide i de bitre byfrugter
Der dingler fra altanerne
Sammen kan vi
Sammen er vi
Os
Mig.

Stemmerne

Tankerne går i båndsalat
Stemmen kører på repeat
Ganske stille hvisken
Runger i den gamle
Overrendte hovedbanegård
Jeg er her endnu
Bare rolig min ven
Ville ønske du forsvandt
Med det første tog
Til et krigshærget land
Så jeg kan få mig lidt ro
Min knuste skal
Skal hele i stilhed.

Min nye maske

Prøver min nye maske af
Den med smilet, du ved
Den klæ'r mig ellers ret godt
Når jeg står foran spejlet
Den giver mig ro og overskud
Til at dyrke min dårlige humor
Fyrer platte jokes af i flæng
Så smil og løftede øjenbryn
Blendes med mit nærvær
Jeg kan mærke jeg er
Lige det jeg helst vil være
Men mit anker holder mig
Nede på bunden af havet
For hvorfor skulle jeg
Have lov til at være mig
Den rigtige mig
Den glade mig
Ja gud forbyde det.

Antigud

Jeg må æde det faktum
At jeg ikke er en gud
Nærmere tværtimod

Ved min blotte tilstedeværelse
Får jeg ting til at visne
I sorte stjerner på græsset

Betræder den frugtesløse jord
I håbet om at finde stien
Mod selvforagtelsens himmerige

Går med ligemænd og kvinder
I hånd og hånd symbiose
Mod bedre dårlige dage.

Min yndlingssport

Mig, en bekendt eller fjende?
Flink eller ondt i sinde?
Faktisk så går jeg bare
I stedet for helt at svare
Jeg sidder ikke på piedestaler
Alt jeg skylder
Ja selvfølgelig, jeg betaler
Kører mit selvværd hårdt
Til tider
Fordi det er den eneste sport
Jeg gider
Jeg glider ud og ind af humør
Faktisk så er jeg en kende skør
Jeg ved jo godt hvad jeg kan lave
Men mit selvbillede
Elsker sin personlige slave
Det går lidt op, som i en elevator
Men mest ned i stuen
Hvor jeg kan skab' mig.

Jongløren

Prøver at jonglere
Ikke blot
Med ordene
Med følelserne
Med tankerne
Men med det hele
På én gang
Det har jeg altid gjort
For de flyver rundt
I hovedet
I kroppen
I fortiden
Svære at fange
Svære at forstå
Men jeg prøver
Jeg prøver virkelig.

Længtes

Lange stive blikke
Rettet mod døren
Håbet om udgangen
Størknede tårer
Sidder fast indeni
Reflekterer kulde

Spejler mig
I gråd og afmagt
Ser vejen foran
Smuldrer til ukendelighed
Knuger håbet i min hånd
Smilet for mine øjne

Krydset på kortet
Har rykket sig
Til et endnu ukendt
Og iøjnefaldende sted
Går mod friheden
Med vemodige skridt.

Åbner op

Da blomsten vendte
Sin uåbnede knop
Og kiggede rundt
På de stolte
Blomster kroner
Der havde omringet
Den eng den stod på
Følte den sig
Mindre end alt
Den sarte stilk
Nærmest krakelerede
Under den smukke blomst
Men den mærkede dråber
Så herlige
Synke i jorden
For at nære dens
Svage rødder
Der næsten helt
Havde opgivet
At gro fast

Noget voksede i den
Og fyldte den med mod
Den åbnede sin mægtige
Blomsterkrone
Og kiggede stolt ud over
Den måbende pøbel
De bøjede sig
For det var den smukkeste
Og prægtigste blomst
På hele engen.

Indre skrig

Rummet
Et mørkt sted
Selvom solen skinner
Sidder jeg og betragter
Den stilhed der fyldes
Af indre skrigs ekko
Som sagte ringer ud
I den kølige middags luft
Hvorfor var det nu lige
At jeg valgte at stå op
Dagen er jo allerede forbi.

Bænken

Jeg fik aldrig sat mig ned
På den bænk
Som jeg gerne ville
Betragte mig selv fra
Min gode side
Gik forbi mig
Ind i mængden af mange
Utilstrækkelige møder
Med falske smil
Og falske tænder
Ja lidt af det hele
Der ikke var noget
At råbe hurra for
Så nu står jeg her
Med min falske ranke ryg
Og smiler til mig selv
Men jeg ved jo godt
At jeg gik forbi.

Forfulgt

Hver dag ser jeg
Mig selv
Mest over skulderen
Tænk nu hvis fortiden
Fandt mig.

Afløbsrens

Når livet kalker til
Men man virkelig mangler
Den rensende væske
Der igen blokeres for
Genstridige klumper
Håner selvets tilstand
Tudefjæs
Indersiden oversvømmes
Forsvarligt tilstoppet
Af tankelort og selvforagt
Intet slipper ud
Ude af mig selv
Selvom jeg smiler tilbage
Mod spejlets grusomhed
Mangler jeg afløbsrens
Så der atter bliver
Fri passage.

Barndom

I barndommens trygge hjem
Bag de rosenrøde gardiner
Ligger indikationen af tvivl
Svøbt i kærlighed
Med hovedet
Dækket af moderens barm

Op igennem teenage årene
Passet og plejet
Aldrig mærket livets
Mørke
Overtage hans fragile hjerne
Hvor positive tanker regerer

Ser verden gennem
Moderens skabte forestillinger
Om hvad drengen har
Og ikke har godt af
Uden indflydelse på karriere
Eller kærlighed

Fundet i en gyde nær barndomshjemmet
Gennempløret af sved
Ildelugtende og forladt
En flækket flaskehals
Boret ned i arterien
Omgivet af flaskens tryghed.

Lidt af alt

Sidder og reflekterer
Over min færden i verden
Hvad siger den om mig?
Min færden
Ikke en skid
Jeg har lært absolut intet
Laver de samme fejl
Gang på gang på
Elefantfødder tramper
Inden i mit ekkofyldte hoved
Jeg svulmer op
Og eksploderer
En mægtig implosion
Slår mit selvværd
Fuldstændigt ihjel
Heldigvis er jeg venligsindet
Den måde jeg behandler folk på
Redder mig fra afgrunden
Får mig til at glemme det indebrændte
Lader blot smilet
Pryde min mund.

Lev da lidt

Uagtet fortid
Så prøver jeg at leve
Her og nu, hver dag.

En oktobernat

Hjemmets frie rammer
Flået fra hinanden
I et svagt øjeblik
Kastes væggene rundt
I bedste jonglør nummer stil
Og crasher for øjnene af mig
Der ligger minderne
I den mørke oktobernat
Børnene sover dejligt
I deres bløde I-lands kasser
Mens huset ligger i ruiner
Foran
Bagved
Mig der står og græder lidt
Mest indeni
For der er ingen der ser det
Jeg egentlig ser lige nu
Det blottede armeringsjern
Matcher min bare røv
For det er den jeg har
Så er det bare om at trutte
En fanfare - jeg er fan, far.

Ud i mørket

Vejstribe
Efter vejstribe
Jeg har gået længe
Set hver eneste baglygte
I vores kære land
Lyskegler vælter forbi
Røde og hvide
Danmark er dejlig
Med nationalfarvet førerlys
Der fører mig ind i mørket
Skov der kommer og går
Eller jeg går - stadig
Binder en løkke
På mine sko
Prøver lykken
Fortsætter min færd
Ud i natten

Sværmer videre
Vejstribe
Efter vejstribe
Lyskegler suser forbi
Hvide, røde og nu blå
Sirener der finder mig
Lyset - frosset til min krop
Lyset fangede mig
Hvide, røde
Vejen er rød
Natten blinker blåt
Mennesker der kalder
Natten blinker
Natten
Er mørk
Danmark var dejlig.

Et strejf af citron

Selvom bitterheden
Smager så vidunderligt
Med et strejf af citron
Afkølet i vinternatten
Så håber jeg
At taknemmeligheden
Vil flyde over kanten
Når jeg tager min næste tår.

Foråret er kommet

Du slikker langsomt
Vinteren af kalenderen
Mens skoven
Iklæder sig
Genbrugte Hawaii skjorter
Med alle de andre rødder
Mens de vilde fugle
Fløjter i kor.

Bækken

Vandrer ud langs bække små
Ikke for noget
Bare for at gå

Lysten er gået med - noget af vejen
Men det var som om
At jeg gik over stregen

Jeg betragter den evindelige lyst
Til bare at kaste
Den sten fra mit bryst

Blandt fuglekvidder og rislen i bæk
Der sætter jeg mig bar
Og drømmer mig væk.

Fuglene

Fuglene
Fortæller mig
Frygtelige
Fantastiske
Fascinerende
Fortællinger
Mens jeg steger
I solovnen
Måske bliver vi
Helstegte sammen.

I morgen

Jeg siger det i morgen
Helt sikkert
Måske
Nej
Jeg siger det
Måske i morgen
Eller på fredag
Lørdag er også god
Så har man hviledag søndag
Måske i morgen er god
Eller i dag?
Knuderne i maven
Sommerfuglenes sejrsdans
Jeg har prøvet det før
Men der festede de ikke
Som nu
Det var ikke helt meningen
Men jeg kan lide det
Jeg kan lide det hele.

Sommeren kommer

Vinterdeprimerede skyer
Søger mod solen
Skygger over glæden

Frejdigt danser de
Mens solen ihærdigt
Forsøger at se

Alt er mørkt og trist
Ikke værd at berette om
Utilstedeligt dystert

Sommer, fugle flygter
Væk fra skyggedansen
Mod varme strøg

Finder solen mon
De rette tangenter
Og spiller op til sommer.

Facade

Jeg husker det tydeligt
Du sagde det ville forsvinde
Med tiden fade ud
At du fik ret
For det gjorde du
Det skræmte mig
I hvert fald den første tid
Jeg måtte vænne mig til
At livet forandrede sig
Folk ser nu på mig
Med solen i øjnene
I hvert fald hvis den skinner
Den blanke overflade
Er det første de ser
Man skulle tro
De havde set det før
Sådan en som mig
Men proceduren er ens
Manken løb hjemmefra
Siger jeg
Med et latterligt smil
Den gad mig ikke mere

Så nu slår jeg græsset
Hver anden uge
Så forhaven står skarpt
En solskinsdag.

En bid af solen

En dag som alle andre
Kender du det?
Verden gik ik under alligevel
Stod op og tog en bid af solen
Snart forsvinder den vel helt?
Kiggede ud af mit vindue
Sneen dækkede verden
Heldigvis for det
Kulden tiltalte mig dog ikke just.

Fri mig

Uudsprungne blade
Tager al nærende lys
Indkapslet i sig selv
Ude af stand til at reagere
På problemernes omfang
Må bare have tålmodighed
Man tænker i processer
Dog stikker roden svagt
I den løse, omkransende muld
Higer efter varmen
Den livsvigtige energi
Der skal til for at jeg atter
Kan blomstre mig fri.

Næsten klar

Vikler mig ud af mig selv
Mit eget selvbillede
Håbløst
Uden håb
Håbet er ude
Ude for at handle
Ude for at feste
Ude af kontrol
Uden hæmninger
Hæmningsløs
Jeg kaster mig over
Grænser
Der ikke er mine
Minefelter
Klar til at sprænge
Mit håb i luften
Jeg går i luften
Om to minutter.

Utæt

Direkte fra det delte hjerte
Siver erindringer om dig
Via trætte, utætte vinduer
Der observerer verden udenfor

Skriften på den slidte indervæg
Synlig fra rummets ihærdige øjne
Fejlsøgning påbegyndes i nuet
Mens fortiden fortsat dokumenteres

Vilde tanker kortslutter sig selv
Beredt på en ny verden uden dig
Mens tvivlen holder kortene tæt
Afholdes der bal hos dronningen.

Ned i mulden

Den rejste pande
Sunket i jorden
Men hævet over det meste
Dog ville man håbe
At sådanne udsagn
Var korrekte
Korrekte i sindets forstand
Sindet fortjener en oprejst pande
Men dog må man
Også synke ned
Og dufte til det nyslåede græs
For ikke
At blive til en af de evige skyer
I det blå
Der dækker for solen.

Jævn

Det var en stille dag i mig selv
Selvom solen bagte min krop
Var min sjæl tom som aldrig før
Der manglede noget
Noget - af mig selv
Noget som jeg havde forlagt
Var det min besindighed?
Evnen til at se klart
Jeg kunne ikke fatte det
En jævn vind spillede op
I mit introverte hjerte
Mens jeg prøvede at tyde teksten
Den historie jeg havde forfattet
I forsøget på at give mening
Forsvandt fra indersiderne
Det der før gav ro
Blev til håbsglimt
Og glædesbrag
Min ellers så stille dag i solen
Endte med regn
Den type som får ting til at gro.

En flisesten

En sten
En flad sten
En flise
Blandt andre sten
Ligger den der
Lige der
Hvor mennesker
Lystigt vader rundt
De hopper
Og leger
Ja danser sågar
I sne og slud
Med solen på maven
Ligger den
I regn og blæst
Urokkelig og ligeglad
For den kan
Aldrig være glad
For den er en flise
Den har fundet sig i lort

Bogstavelig talt
Lort
Både fra katte og hunde
Og en håndfuld mennesker
Måske var de fulde
Eller psykisk ustabile
Måske skulle de bare skide
Men hvad kan den gøre?
Ingen vil lytte
Til en fucking sten.

Smilet

Et smil virker bedst
Når du bruger det korrekt
Men smiler du nu?

Du elskede bitterhed

Smider håndklædet
For jeg elsker følelsen
Af nederlag
Den perfekte bitterhed
Efterfulgt af uendelig tankemylder
Klar til at invadere mig
Mit hoved
Min hverdag
Fire limbiske fæstninger
I mit okkuperingsparate sind
Blot klar til at hejse det hvide flag
Og hænge ud ved galgehøjen
Mens alle lykkens soldater
Nedtrykte iagttager mig
Mit sande jeg.

Min bedste ven

Spejlbilledet siger alt
Det griner ikke af mig
Det holder mig ikke for nar
Men vigtigst af alt
Det er ærligheden selv

Kigger rundt om mig
Intet er så ærligt som spejlet
Altid skal de pudse glorien
De siger aldrig hvad de mener
Altid er det pakket ind

Kærligheden er lunefuld
Først har man den
Og så er den væk
Spejlet er min bedste ven
Det holder ikke igen

Lige meget hvor meget jeg vil det
Viser den mig den nøgne sandhed
Min bedste ven, min værste fjende
Hvilket menneske kan være
Som spejlet er for mig?

At smile på trods

Beundrer
Din måde at smile
Som om intet
I verden er ondt
Som om intet er hændt
Livets lys er stadig
Til stede i dine øjne
Udadtil glad
Selvom du også
Er sårbar
Som jeg
Sårbar som
Alle er
Selvom intet
I dit smil
Tyder på det.

Kopi

Vågner op
Med en kopi
Fastknuget til kroppen
En kopi af mig selv
3D printet direkte
Fra drømmenes kammer
Det passer mig helt perfekt
Mærker håret mod kinden
Det er ikke mit skæg
Dog en sjov følelse
Deler varmen
Under dynernes gruppekram
Varme er jo pisse dyrt
Men du er gavmild med din
Jeg deler også gerne
Så længe det er dig
Dog råber alarmen
På initiativ
Ud af nærvarmen.

Hold fast

Hold fast
Mens mulighed sig byder
Giv først slip
Når det er for sent

Hold fast
For livet sig tilbyder
Din hånd
Stramt knyttet i min

Hold fast
For kærlighed findes
Sov nu
Vi ses snart igen.

Hold fast part 2

Først og fremmest
Så savner jeg dig
Men det ved du vel
Hvis man kan vide det
Derfra hvor du er
På den anden side
Det er lang tid siden
Jeg så dig sidst
Tror det var et billede
Måske hos din mor
Eller i mit galleri på mobilen
Syv år er gået snart
Syv år
Utroligt
At det skulle blive sådan
Det var virkelig ikke meningen
Var det?
Nogle gange har jeg bare lyst til
At trække stikket ud
Og stikke piben ind

Bare være skrøbelig
For mig selv
Så græder jeg lidt
Mest indeni
Men også lidt udenpå.

Gaven

Her får du stilheden
I gave fra mig
Den er din
Jeg skal ikke bruge den
Nærmere tværtimod
Livet er for kort
Til at lægge sit hjerte
I den visse druknedød
Af uendeligt mundlort
Tidens glubske tænder
Havde alligevel ædt os
Den sandblæste facade
Som vi arbejdede længe på
Var ellers blevet så fin
Nærmest indflytningsklar
Men en tæt tjørn
Slyngede sig om os
Og bar os i sikkerhed
Hver for sig
Nu får vi i sandhed
Den stilhed du ønskede.

Gløden

Du ligger der så fint
Min kærlighed
Min elskede stolthed
Mit ét og alt

Eller i hvert fald
Resterne af det bål
Vi sammen antændte
Gløden for længst borte
Gået i ét med den kolde muld
Flotte, grålige nuancer
Har ædt sig ind i rammen
Dækker det knuste glas
Det er ramme alvor
Det er alvorens time
Jeg er ristet nu
Jeg er færdig.

Aldrig

Kærlighedsblind
Lukker jeg dig ind
Smiler med kroppen
Mine øjne og min mund
Nu kender man følelsen igen
Føler jeg svæver
Alle folk kan se det
Smiler blot til dem
Kan man være gladere
Næppe
Ikke sammen med dig
Aldrig sammen med dig.

Lysten

Når livets stråler
Rammer min kind
Så mærker jeg den
Lysten
Lysten til at gå udenfor
Lysten til at smile
Sådan fik jeg det
Ganske for nyligt
Jeg kunne mærke det
Du kunne få mig
Jeg kunne være
Bare være
En bedre udgave
Af mig selv
Jeg slår gerne rødder
I dit hjerte
Hvis du tillader
For jeg er ret sikker på
At den skov vi kunne få
Ville være vældig fin.

Mørkt vand

Havnen favner mig
Boblerne er forsvundet
Har skreget nok nu.

Via poesi

Nok har jeg en skrue løs
Men jeg er ikke skruppelløs
Jeg er hudløs
Helt ind til benet
Med reelle hensigter
Helt uden skrupler
Jeg beretter via poesi
Om tanker der kæntrer
På store, mægtige oceaner
Livet der går i stå
Uden hjerte og smerte
Mislykket selvpineri
Der forstummer sindets ro
Det får I af mig ganske råt
For jeg føler mit kald
Er at give det jeg aldrig selv fandt.

Tankespeeder

Det er vel normalt
Altså
At føle sig lidt tom
Eller halvtom
Så at sige
Nu hvor hjertet græd
Al sin frustration ud
Så er der tomhed
Som også fylder lidt
Derfor halvtom
Ikke fuld
Sådan gør jeg ikke
Træder kun på min tankespeeder.

Overrendt

Lader mig overrende
I mit stille, svage sind
Følelserne sneg sig
På ninja agtig vis
Ind på mig, i stolen
Mens jeg prøver at finde
Den større mening
Med den galskab
Der lige nu indtager mig
Kan jeg mærke de salte tårer
Der omfavner mit ansigt
Nænsomt triller de
Med behørig corona afstand
Ned af min hårdt prøvede kind
Og det gør ondt
Så forbandet ondt
Uden jeg egentlig ved hvorfor
Eller hvad det egentlig er

Jeg sidder her og tuder
For jeg tuder
Som et tågehorn
Der giver den fuld gas
I frygten for kuldsejling
Af hele sindets isbryder.

Afklædt

Når livet er svært
Så afklæder jeg mig følelserne
Folder dem pænt sammen
Og lægger dem på sofaen
Så ligger de der og sover
Drømmer sig tilbage
Mens jeg gør ting
Som jeg før havde forglemt
I ren forblændelse
Såsom hovedrengøring
For det trænger.

Drømmen

Tankerne hvirvler
Lette og elegante
Gennem mit hoved

Ud over stepperne
Danser jeg gladeligt
Lige så fjollet jeg kan

Ingen adgang
For sorte kattes uheld
Smilet indtager min mund

Kunne jeg dog bare
Leve det dejlige liv
Jeg møder i mine drømme.

Klar

Helt tindrende grædeklar
Mærker jeg din omfavnelse
Min nøgne sandheds byrde
Klar til at dele ud af mig selv

Følelser siddende uden på det tøj
Der nu ligger på det støvede gulv
Afklædt i mere end én forstand
Mens forstanden udebliver i nuet

Rationelle tanker forlader kroppen
I et uvejr af mismodigt selvhad
Prøver at lukke de åbne vinduer
Der intet kan hamle op mod regnen

Sammenkrøbet i velkendt fosterstilling
Ligger jeg udenfor rammen af glasskår
Overbevist om at hjertet vil samle sig
Når efterårsregnen atter stilner af.

Taberagtig

Ligger og vipper
På en knivsæg
Lange blødende sår
Græder flere liter blod
Fra de sprukne blodsbånd
Der før beseglede os
Kapitulationen nynner
Sin taberagtige bryllupsvals
Mens afholdenheden
Lokker med sine frie rammer
Men rammer jeg timingen?
Eller dør jeg med æren i behold?

GPS

Dovenskaben længe leve
Så sidder man på sin flade
Og ved præcis
Hvordan vejret er
Udenfor
Går de asociale
Rundt i ring
Efter nøjagtige
GPS koordinater
Der sørger for
At vi aldrig stikker af
Fra den dystopiske fremtid
Som lokker os
Ja måske er vi i sikkerhed
Fra alle andre end os selv
Og vores søgen efter ragnarok.

Mere end nærvær

Ser mod solen
Gennem grå skyer
Lyset er mere uklart
End nærværende
Jeg er tilstede
Lige nu
Lige her
Lige hvor
Jeg skal være
Selvom solen
Ikke skinner nu
Så gør den det nok
I morgen
Eller på lørdag
Faktisk
Betyder det intet
For jeg er her
Lige her
Og det er nok.

Tom i hjertet

Jeg samler på de splintrede glas
Bærer dem i hjertet
Hvor der er masser af plads

Ligegyldigheden kan ikke opvejes
Så jeg fylder op
Mens mit dystre sind plejes

Flasken står bare og kigger
Der er masser på køl
Mens jeg ugeneret henligger

Prøver at sætte stykkerne sammen
Men spejlet er knust.

Nu er det nu

Lukkede øjne
Ser på nuet
Et nu
Der ikke var
Et nu
Der ikke kan forventes
Et nu der ikke bør glemmes
Nu.

Afstand

Betonjunglen blokerer
For min
Udsigt
Udsigten
Til at få
Få det hele
Alt
På afstand.

Udspring

Nøgne står de der
De omtågede træer
Snart springer de ud.

Lorte café

Wonderwall fra en lorte café
Fylder mit soveværelses stilhed
Byens biler var okay
Fulde menneskers sniksnak
Gik også lige an
Men midt om natten
Spillet helt ude af takt
Overtager irritationsstafetten
Tics-lignende spændinger
Dræber roen i mit trætte hoved
Et lejrbål havde nok været passende
Så kunne guitaren bruges
Nok mest som brænde
Håber jeg får i morgen med.

Kaffe daten

Tomt var blikket
Der lige kiggede forbi
Bare et hurtigt visit
Til en kop kaffe
Og et stykke drømmekage

Normalt drikker jeg ikke kaffe
Andres bitterhed tiltaler mig ikke
Men jeg drak min første hele kop
Det smagte virkelig dårligt
Men det vidste jeg jo godt

Mens vi sad der og druknede
I sentimental pladder
Og absolut nonsens
Forstod jeg stadig ikke
Min fejlslagne disposition

Drik aldrig kaffe.

Rette vej

Går ad tørlagte stier
Drænet for livets saft
Mod storbyens stress
Solen har stået på
Mere end længe nok
Stille visner jeg hen
Over vejens forløb
Går i ét med det
Ellers stenhårde underlag
Lader mig overtrampe
Og karavaneoverkøres
Fordi jeg fortjener det
Mere end jer andre
Mere end nogen
Sådan fik jeg det
Så sent som i går
Jeg higede efter meningen
Men så fandt jeg
Den helt rette vej.

Byen

Let på tå
Glider
Ud over svedige håndflader
Der bærer byens asfalt
Den lette modvind
Prøver at forpurre
Positivismen der hæver
Niveauet til usete højder
Rammer skyen
Med et hjerte i topform.

Selskabsleg

Hej
Ja jeg sidder her
Lissom dig
Og alle de andre
Selvom jeg gerne var fri
For det så jeg helst
Når som helst
For jeg magter det ikke
Det fucking maskebal
Hele tiden målt og vejet
Velovervejet
Og ordentlig
Jeg er fucking ikke ordentlig
Jeg er mig
Og hvis du ikke kan li det
Så er det dit problem
Ikke mit
Jeg bad dig ikke
Om en dyb analyse
Af mit svækkede sind

Men jeg har også ret
Til bare at være mig
I mig selv
Blandt jeres nonsens kvidren
Og overfladiskhed.

Tavledansen

Så er det nu
Mit navn klinger hult
I det halvfyldte rum
Knuden i maven
Æder langsomt sig selv

Som en skræmt kat
Kryber jeg lydløst
Op på scenen
Min puls, den er stukket af
Den fik pludselig travlt

Jeg planter mig selv
I det centrum
Jeg hader så inderligt
Mens jeg fumler
Med mine digitale noter

Ordene danser på tungen
Mens mine bævrende læber
Agerer grænsevagter for stoltheden
Jeg kender jo godt teksten
Det jo mig der har skrevet den

Mine øjne hviler
På den firkantede støtte
Der ligger så fint i mine hænder
Forhåbentlig har de nedskrevne ord
Lært den danske køkultur

Hvis nu det skulle kludre
Kunne jeg jo glo ned i skærmen
Det er så ordinært og tillært
Men nok heller ikke
Synderligt besynderligt.

Den

Balancerer på den fine linje
Mellem mig og dem
Den
Er sat over tid
Rykket
Og forhandlet på plads
Den
Er blevet overrendt
Uden at nogen så det
Men
Den
Er min.

Glædens dag

I dag var en glædens dag
Perronen var fyldt med håb
Stemningen var fantastisk
Det hele sitrede bare
Noget stort ventede os
Da togsættet rullede frem
Stolt og imponerende
Steg alle hurtigt om bord
De drog afsted mod friheden
Men endte i virkeligheden
Det føles bare anderledes
Ses vi igen, Danmark?

Maskebal

Dybsindige suk
Giver genlyd
I mit introverte sind
Ekkoet overdøver
Et ellers smilende
Og legende ydre
Kernen er hård
Lader intet penetrere

Iklæder mig glimtet
Glimtet i mine øjne
På trods af angsten
For ikke at kunne være
Hopper med på legen
Pjatter med og søger
Søger efter mig selv
Har jeg misforstået noget?

I troen på det gode
En verden så ligetil
Glemmer jeg slaget
Slaget der kæmpes indeni
Overser signaler
Som går op i røg
Genskaber flammen
Og brænder mit indre

Nem og omgængelig
Jeg føjer mig for helheden
En helhed uden dig
Det fulde billede af tilstanden
Hjernens drilske uforudsigelige
Og til tider forunderlige virke
Tapper batterierne for strøm
Dræner mit porøse hjerte

Bryder ud gennem
Afvæbnende latter
Latterlige kommentarer
Og overfladiskhed
Mine masker er slidte
Mon de ser den jeg er?
Den jeg i virkeligheden er
Den jeg altid har været

Tiden rinder ud
Gennem kraterlignende huller
Udgravet over tid
Tid som bare forsvandt
Ting der gav mening
Erstattes af antonymer
Uforståelige og indlysende
Hånlige og bifaldende

Et had opbygget
Af uigennemtrængelig tro
På det knuste selvværds
Stædige ihærdighed
Lægger mig i ensomheden
Og falmer bort
Tages med af efterårets
Kolde, fugtige luft.

Samleveren

Janteloven bor dybt i mig
Den flyttede ind for år tilbage
Her fandt den sig til rette
Og rettede mig ind
Som et omvendt korset
Bøjer den mig forover
I vores vante positur
Her går vi så og betragter
De blomster vi pløjer ned
For græsset må ikke betrædes.

Middelvej

Går tur ned ad Middelvej
Hvor de store boliger ligger
Mægtige og prætentiøse
Med en yderst tyndbenet udsigt

Beskuer discountudgaverne
Af menneskehedens rester
Mens de går tur med deres
Åndssvage netkøbstilbehør

Dinglende fra skuldrene
Hænger de til misundelsesskue
Hvide musikformidlere i ørerne
Sørger for begrænset adgang

Selvhjulpene botoxlæber
Smiler mod mig med højglans
Mens naturlig mimik udebliver
Fra den ellers autentiske maske

Overskudsproduktionerne
Flashes med tillært elegance
Mens dyre sko knapt træder til
Stress er tydeligvis på ferie

Elbilerne holder i laderne
For det er jo dét der kræves
Intet mindre kan gøre det
Klimabevidst er man vel altid

Hvis man skulle bo her på vejen
Skulle man være mægtig god
Til at være fandens overfladisk
Men det kan man jo lære på nettet.

Påkrævet

Påklistrer mit smil
For jeg ved at det kræves
Tårer står på spring.

Skæbnesvanger

Enslydende tunger
Finder vej
Gennem
Opspundet skæbne
Tykkere end
Lagene
Vi går på
Konfirmerer
Troen på
Det gode
At noget er
Stærkere
Større
End én selv
Toenigheden
Hjerter der slår
De samme slag
På trods af
Den tydelige forskel.

Undskyld

Undskyld
For at jeg slæbte dig
Ind ad døren
Ind i varmen
Gennem maskinrummet
Ind i tankelabyrinten
Undskyld
Det er svært at finde ud
Når først man er der
Det er fængslende
Og forbandet
I en sådan grad
At virkeligheden
Forsvinder i væggene
Jeg ville gerne hjælpe
Men.

Slå øjnene op

Blæser mig selv omkuld
Gang på gang
Svært ved at finde balancen
Slynges ind i den altseende væg
Som kender mig alt for godt
Faktisk
Bedre end jeg selv gør
Den har gennemskuet mig
Længe før jeg fik øjnene op
Fulgt mig fra sidelinjen
Støttet mig
Nok mest når jeg kom fuld hjem
Set mig leve
Men ikke selv taget en aktiv del
Dertil og ikke længere
Hvem tror du at du er?
Hvid og tom
Nedværdigende blikke hænger løst
Mens du gladeligt kommenterer
På min livsmestringsstrategi
Jeg gider ikke en livskommentator
Det har jeg aldrig bedt om

Så
Kære væg
Luk øjnene og hold din mund
Jeg har ikke brug for
En kedelig, asocial gipsvægs
Bedømmende blikke
Eller bedrevidende råd
Jeg kan leve mit eget liv.

Et stykke af uvisheden

Besværliggørelsen
Af mig selv
Et pejlemærke
Der flytter sig uendeligt
Ude af syne
Sindet krakelerer
Smuldrer til ukendelige
Små stykker af uvished
Sidder fast under neglene
For jeg holder fast
Ivrig efter det spinkle håb
Der måtte være
For at jeg ikke
Kører mig selv over
Gentagne gange
Trækker jeg mig
For at slå følerne ud
Giver det mening
Eller giver jeg mig til at
Flyde op på stranden
Sammen med de andre
Fortabte narre.

Betyde

Betyde
Betyder intet
Men også alt
Alt der betyder
Betyder intet
Intet af betydning
Betyder en masse
En masse betydning
Betyder ingenting
Ingenting betyder meget
Men det er også nok
Men det betyder ik'
At det betyder noget for mig.

Endnu

Vågner her til morgen
Det skal nok blive godt
Verden er ikke helt død
Endnu
Lyset i køleskabet tændt
Lissom lysten indeni
Ikke helt har forladt mig
Endnu
Jeg har rindende vand
Der bruser gennem rørene
Som håbet bruser gennem mig
Endnu
Så jeg tager smilet på
Kigger i spejlets genskær
Og nyder at jeg stadig kan gå
Endnu.

Uheld i held

Endelig havde jeg fundet
Den tiltrængte medvind
Dagene før havde været gode
Bedre end det sædvanlige lort
Så jeg turde at give mig hen
Henkastede smil i flæng
Mens jeg mærkede optimismen
Smittede af på min tilgang
Dagen gik langsomt på hæld
Tilstanden var tilforladelig
Da jeg stod på perronen i KBH
Ramte virkeligheden mig
Beskeden rullede ind ved midnatstid
Du skulle bare ødelægge min dag
Hvorfor må jeg ikke være glad?
Aldrig har jeg kunne se bort fra
At du nok skulle holde mig nede
Så nu sidder jeg her og håber
At jeg egentlig bare kunne blive fri.

Hårde ord

De er her endnu
Smager på de hårde ord
Fastforankret i mit sind

De vil ha mig
Langsomt æder de mig op
Levner ej gode løsninger

De griner hånligt
Som en kastebold flyver jeg
Fra endestation til frihed

De står over mig
Kan blot mærke deres tunge åndedrag
Øjne der følger mig hjem.

SoMe

Hvad skal jeg dog gøre
Med al den lorte information
Jeg har ikke bedt om noget af det
Selvom jeg må indrømme
At jeg ikke læser det med småt
Så ryger fokus ud af de tangenter
Det er det jeg mener
Man bliver blændet af datastrømme
Jeg har ikke lært at administrere dem
De opstillede glædesfatamorganaer
Der popper op, mest i utide, i mit feed
Dig i dine, såkaldte, venners lag
Til koncert med, ja
Nogle andre end mig
Hvilket også er helt fint

Men her er mit unfollow
For jeg magter ikke det lort
Jeg er ikke vant til SoMes unoder
Det fucker med min daglige trivsel
Kobl mig nu bare direkte til wifi
Så jeg kan leve mit liv som avatar
Det er vel det der er fremtiden.

Det skarn

Er ramt i røven
Af Amor det skarn
Klædt af til skindet
En følelse varm

Helt blottet
Overfuset
Så skamløst
Beruset
Mærker det
Suset
Let på tå
Og forpustet

Hjerteslag
Bli'r til hverdag
Dejlig dag
Daglig dag

Smilet
Påklistret
Forbandet
Forbistret
Indeni
Jeg sitrer
Sødmen
Det bitre.

Ubærlig

Paranoiaen overtager min krop
Det sitrer
Jeg kan ikke være i det
Jeg gjorde det her
Og nu er det måske slut
Nu kommer kvalmen
Den er ubærlig
Den manglende nattesøvn
Har ikke gjort underværker
Hjertet galoperer af sted
I et uhørt højt gear
Var det dét?
Er det virkelig
Slut for evigt
Tårerne presser sig på
De vil virkelig gerne
Vise hvem der bestemmer
Prøver at bryde sammen
Bare lidt
Bare en lille smule
Jeg forstår det jo godt
Hvis det er
Men det gør ondt.

Bombet

Ligblege sommerfugle
Hænger hvileløst
Over mit bombede hoved

Asken drysser ned
Fra deres små
Skrøbelige vinger

Mens døde fugle
Synger om mine oplevelser
I det liv der er et andet nu

Nøgne træer peger
Hånende mod mig
Mens tiden går i stå

Jeg er her nu
Tænker jeg for mig selv
Mens jeg langsomt går.

Ålerusen

Fra vand til bord
Gennem rusens glubskhed
Fanget i et flow
Let svævende
Under overfladen
Og ind i nettets
Bundne knuder
Udvejen ligger i datiden
Fremtiden ligger på bordet.

Indre spektakler

Livet er som det er
Så jeg lader mine indre spektakler
Reducere til lyriske tentakler

Blandt unødig brok
Flytter jeg mine tanker fra min inderside
Til den evigt blanke startside

Når ordene tager form
Betragter jeg min hovedbrudsrevne
Sletter og redigerer det skrevne

Nu er jeg næsten tilfreds
Men det ryger ud med gårsdagens levn
Fordi lyrikken var alt for jævn.

Før og nu

Da jeg var lille
Var jeg bange for mørke
Nu
Er jeg kun bange for tørke.

Gennem pløkket

Den ryger endnu
Efter alle de skudte genveje
Hullerne i luften
Er ikke til at tage fejl af

Omringet af fordums tid
Introverte snigskytter
Ånder fokuseret ud.

KLIK

Godnat, blev der sagt

Flodheste smadrer gennem hegnet
Hvor fårenes dage blev talte
Nu viger de pladsen for kæmperne
Her er ingen kære mor
Tramp på
Tramp på
Tramp på
Mig og min manglende søvnrytme
Som for længst har lidt et knæk
Helt ind over den bærende midte
Som ellers holdt mit døgn i en tynd tråd
Den tråd er så ikke til at redde til aften
Så jeg må æde de ulidelige billeder
Som følger med galskaben op ad bakke
Den bakke er uendeligt stejl kan jeg se
Jeg magter ikke mere lige nu
Så jeg lægger mig i grøften og splatter ud.

Til sidst

Jeg piner mig selv
Mest fordi det er så svært
At sige farvel.

DEN GRÅ BOG

Lige s. 6

Smilet s. 38

Lev da lidt s. 21

Mørkt vand s. 49

Udspring s. 62

Påkrævet s. 75

Til sidst s. 93